少子高齢社会の展望

——熟成社会への提言

浅野　仁　編

シンポジウム

少子高齢社会の展望

――熟成社会への提言

パネリスト（発言順）

小川 全夫《たけお》（九州大学大学院人間環境学研究院）

芝野 松次郎（関西学院大学社会学部）

大谷 強（関西学院大学経済学部）

松原 一郎（関西大学社会学部）

コーディネーター

浅野 仁（関西学院大学社会学部）

浅野　今日は生協書籍部の主催で、「少子高齢社会の展望―熟成社会への提言」というテーマで、シンポジウムを開かせていただきます。

説明するまでもありませんが、現代社会を象徴するキーワードは「国際化」、「情報化」そして「高齢化」といわれて久しいのですが、これらのテーマにアプローチする方法上の共通点は学際的であるということです。したがって、本日の少子高齢化のテーマも哲学、医学、心理学、諸社会科学などの知見から検討すべきことですが、今日はとりあえず、社会学、経済学、社会福祉学の専門の先生からの意見を伺うことにいたします。

ところで、高齢化というテーマを議論する場合、課題のみが先行して全体としてなかなか明るい展望が見いだせないのですが、今回はテーマの副題にもありますように、これからの「熟成社会」へ向けて、積極的な提言をしていただきたいということを、司会者としてお願いしたいと思います。それぞれのご専門の立場から、多角的に論じていただきたいと思います。

本日参加されたパネリストのみなさんを、発言順に紹介します。はじめに、九州大学の小川先生です。先生は、九州大学の大学院にお勤めで、専門は社会学、とりわけ、コミュニテイについて研究をしています。それから、こちらは（関西学院大学）学内の先生ですが、社会学部の芝野先生です。先生は児童福祉論が専門ですから、今日は、とりわけ「少子」の方の展望についてのお話をしていただくことになると思います。続きまして、同じく学内から、経済学部の大谷先生です。先生の専門は「社会保障」ですので、その観点から今日のテーマに迫っていただければと考えます。そして最後に、関西大学社会学部の、松原先生です。松原先生は、かなり幅広くご研究をされていますが、今日は専門の福祉政策の観点、また様々な視点を交えてご提言をいただけることを期待いたしています。

それでは、早速シンポジウムを始めていきたいと思います。さいしょに、約二十分程度それぞれご発言していただくことになりますが、できるだけパネリスト同士のディスカッションも交えて進行していければと考えております。

人口構造の推移と少子高齢社会

小川　今日のテーマは「少子高齢社会」ということですが、最近になってようやく、この「少子」と「高齢」という二つの言葉が並べて語られるようになってきました。少し前までは「高齢化」社会と呼ばれていたわけです。私自身は、その当時から、「高齢化社会」というのは、ただ単に「高齢者」の問題だけが出てくる社会というのではなくて、そこには、「少子」つまり、子どもが少なくなってくるという問題が含まれているのだということを言い続けてまいりました。実は、「少子化」ということにつきましては、戦後一貫してこの現象が続いてきたわけです。考えてみると、日本社会の「高齢化」というものは、長生きする人が増えたからそうなっただけではなくて、産まれる子どもの数が減ってきたからだと考えた方がいいのではないかと思います。

ここで、人口構造ということに目を向けていただきたいと思います。まず、老年人口が増えます。老年人口というのは、六五歳以上の人たちの人口というわけですが、これが全体に占める割合が増えて、通常はそれが七%を超えると、その社会は「高齢化」が

図1　年齢3区分別人口の割合

	割合（%）					
	総数	年少人口（0～14歳）	生産年齢人口（15～64歳）	老年人口（65歳以上）	うち（70歳以上）	うち（75歳以上）
大正9（1920）	100.0	36.5	58.3	5.3	2.9	1.3
昭和25（'50）	100.0	35.4	59.6	4.9	2.8	1.3
45（'70）	100.0	24.0	68.9	7.1	4.2	2.1
平成2（'90）	100.0	18.2	69.7	12.1	7.9	4.8
10（'98）	100.0	15.1	68.7	16.2	10.8	6.4

出典：総務庁統計局「平成10年10月1日現在推計人口」

始まったと言われます。現在の日本では、すでにそれが、もう十六%を越えているという状態で、将来的には二〇~二五%ぐらいになると言われます。ところが、これまで日本の社会は、高齢者の人口が増えていく一方で、一四歳以下の子どもの人口がどんどん減ってきたという時代だったのです。会場にはご年輩の方もおられますから、思い出していただきたいのですが、みなさんの時代と言えば兄弟や姉妹が、すくなくとも四人、五人というのが当たり前だったと思います。ところが今の時代ですと、兄弟姉妹の数が多くても三人、そうでなければ二人、ないしは一人っ子というのが増えています。また、子どもを生まない家庭というのも結構増えていますし、結婚をしないという人たちも増えてきています。そういう時代ですから、だんだん一四歳以下の子どもが減ってきているわけです。ですから、日本が人口構造上において「高齢」社会になったのは、一九七〇年ということとされていますけれども、高齢者の人口が一方で増えていっても、それを支える「生産年齢人口」、つまり、一五歳から六四歳までの人口は、約七割弱の水準でずっと推移してきたのです。

それまでは、生産者人口が多かったわけですから、生産と分配ということから考えますと、生産年齢人口にあたる人たちが、生産性の高い分野で働いて、それを高齢者や子どもに分配する。その分配をどちらに重点を置いて行うかという割合は必ずしも一定していたわけではありませんでしたが、それでも日本の社会全体から見ますと、それほど負担が大きくなかったわけです。ところが、今やその社会が大きく変わってきたということが問題なのです。高齢者の数は増え続けていますが、子どもの数については、「下げ止まり」があるのかどうなのか分からないという状態です。そしてついに、日本全体で考えますと、六五歳以上の高齢者の数の方が、子どもの数よりも多くなった社会になってしまったわけなのです。そして、それを支える生産年齢人口も頭打ちになって、今は七割近くの水準なのですが、これからの二一世紀の中頃にかけては、五割台まで減ろうとしています。

そうなりますと、我々のものの考え方というものを、全部変えなければいけない。いくら働ける年齢にある人たちが生産性の高い分野で働いたとしても、生産できない人たちの割合が増えてくるわけですから、その分配についての全体のバランスというものが崩れてくるわけです。ところが、そういう部分についてだけ考えていきますと、先程コーディネーターの浅野先生が指摘した通り、大変暗い展望しか持てなくなりがちなんですけれども、それを暗い展望として捉えるか、あるいは、それを、一つの新しい時代の始まりと考えて、そういった社会に対応する制度だとか、ものの考え方といったものを確立していくことによって、そこに希望の持てる、明るい展望を見いだすのかということが、我々にとって今考えなければならないことだと思います。

高齢化先進国としての日本の役割

これまで、どちらかというと日本は、こうした人口の高齢化の問題について考える場合、高齢化への対応が進んでいる北欧をモデルにして考えることが一般的に多かったわけです。日本よりもはるかに高齢化が進んでいる北欧の国々では、福祉制度がこんなに良く整っていますよ、という具合にモデル化して、その制度を日本に導入するために努力をするといったことが多かったわけです。それは、アメリカを含めた先進工業国といわれる西欧の国々においては、日本よりも高齢化の

図２　世界の主要地域別65歳以上人口割合：1950,1995,2050年

(%)

地域	1950年	1995年	2050年
世界全域	5.2	6.5	15.1
発信地域	7.9	13.5	24.7
発展途上地域	3.9	4.7	13.8
アフリカ	3.2	3.2	7.9
ラテンアメリカ	3.7	5.1	16.7
北部アメリカ	8.2	12.5	21.5
アジア	4.1	5.3	15.9
東部アジア	4.5	6.8	20.1
中央・南アジア	3.7	4.3	13.7
南東部アジア	3.7	4.3	15.4
西部アジア	4.4	4.4	12.3
ヨーロッパ	8.2	13.8	25.8
オセアニア	7.4	9.6	18.4

出典：UN,World Population Prospects（The 1996 Revision）

進行が早かったという事情があったからです。ところが、ついに日本は、アメリカの高齢化水準にキャッチ・アップしてしまいました。そうして、二一世紀になると、日本はアメリカやヨーロッパの国々を追い抜いて、世界のトップ水準になるのです。そうすると、もう日本にとってみれば、モデルになるような高齢化の先進国はなくなってしまうということになります。その結果、自分たちの高齢化問題を解きあかすためのモデルを外に求めると言うことは、もうできないということになるのです。

例えば最近、海外で開かれる高齢化をテーマにした国際会議などに出席すると、そこでは発展途上国からの参加者が、「自分たちの国では、今、人口の高齢化について深刻に悩み始めている。まだまだ、その水準は低いけれども、二一世紀になると、間違いなく日本と同じような高齢化社会を迎えることになる」と、一様に言うわけです。それは、「少子高齢化」という、日本と全く同じ現象を指しているわけです。お隣の中国を見ますと、「一人っ子政策」を進めておりますが、結果としてはそれが必ず人口の高齢化につながっていくわけです。で、そういう状態になるということが判っていて、高齢化対策についてのモデルを外に求めようとした時、もはや北欧も、アメリカも、その他のヨーロッパの国々もモデルにはなり得ないのだと彼らは言います。何故、モデルになり得ないのか。それは、そのスピードが違うからです。例えばフランスなどでは、約一世紀以上かけて、人口の高齢化が進んできました。それを、日本は僅か二五年で達成したわけです。中国も、「一人っ子政策」を今のまま続けていった場合、およそ今から二五年後には、七%から一四%という高齢化社会を経験することになります。そのときになって、どういう制度、あるいは、どういうものの考え方で、事態に対処すればいいのか。それについて、発展途上国は、日本がどうなっていくのかということに注目し、熱い眼差しを注いでいるのです。そうなりますと、我々は今までのようにモデルを外に求めるのではなく、逆に我々自身が、発展途上国に対してモデルを提供しなければならないという使命を帯びていることになります。

「大往生の島」
—地域における高齢社会のモデル

そういったときに、一つ考えられることは、我々の足元、つまり、この日本の中に、高齢社会のモデルとなり得るような地域がある、ということに注目すべきです。

山口県の大島郡に東和町という、日本でいちばん高齢化した町があります。そこについては、いろんな人たちが本を書いていまして、ノンフィクション作家の佐野真一さんが『大往生の島(文藝春秋社)』、これはベストセラーになりました。また、榎並悦子さんという写真家が、『日本一の長寿郷~山口県東和町(大月書店)』という写真集を出して、これも大変注目されました。このように、多くの人たちがこの東和町を調べているわけですが、私自身も、この島についてフィールド・ワークを行いました。そこは、現在では六五歳以上の人たちが、人口の半数以上を占めている社会になっています。なぜそんなに高齢者ばかりが集まっている地域社会ができて、なぜ、そこでは、高齢者たちが明るく暮らし続けることができるのか、そのことから学べることが非常に多いのではないかと思います。時間の関係で、あまり詳しくは語れないのですが、ここで、その東和町の持つ意味合いといったものを、次のようにまとめてみました。

◎ この島が、幕藩体制の時代から「出稼ぎ」の島であったこと(ハワイ移民の発祥の地であった)。功なり名を遂げて故郷に戻って老後を暮らす生活様式があったのです。
◎ 本家や分家といった家族関係はそれほど強くなく、「講」だとか「組」といった、隣近所の互助の関係が非常に強いこと。子どもに頼れなくても隣近所が頼りになっているのです。
◎ 鯛の一本釣りといった漁業がさかんで、死ぬまで現役の自営業者が多いこと。
◎ 年金生活者が多く、公共事業がさかんにおこなわれていること。市場経済だけに依存しない地域経済なのです。

◎　畑で採れた野菜や、釣ってきた魚をお互いに贈与するといった、現物経済（贈与経済）が行われていること。お金だけを頼りにする生活ではないのです。

◎　お盆になると島が沈むのではないかと思われるほど、よそへ出ていった人たちが帰って来るといった、島出身者に強い帰属意識があること。精神的な依り所になっている地域社会なのです。

◎　定年後故郷に戻る人たちを暖かく迎え入れている地域社会であるということ。

◎　一人暮らしの人が多いが、電話や手紙などで遠く離れた子どもや孫に連絡するといった（修正拡大家族的な）家族の絆が残っていること。

◎　「兄弟（姉妹）」の関係が（特に高齢女性にとって）、情緒関係を安定させていること。

◎　集落の環境が漁村型であり、お互いに近接し合っており、見守りやすい環境になっていること（密接な近隣関係）。

◎　もちろんそこに住む人たちは高齢者であり、一つや二つは病気を持っていますが、「無病息災」ではなく「一病息災」というような遠慮深い生活態度を持っていて、何かあればすぐに病院にかけ込むようなことはしないということ。（したがって、ここでは一人当たりの医療費はきわめて低い）

◎　食べるものが昔ながらの粗食型で、スポーツはしなくても労働は続けており、社交的な生活をいろいろなかたちで行っていること。

◎　ここには養護老人ホームがあるのですが、どちらかというとサイコ・ソーシャルなサービスを心がけていて、いま公的介護保険で言われるような、バイオ・メディカルなＡＤＬの問題のみにとらわれない、精神面での支援が行われていること。

◎　社会福祉協議会は、集落の組織化を考え、集落の中で必要なものは何かということを、常に掘り起こしながら、それを事業に展開していること（例えば三六五日給食を配達するといったしくみ）。

このようなところをモデルとして、我々がそこにもし意味合いを見つけ出すことができるならば、二一世紀の少子高齢社会、特に、住民の構成が高齢者ばかりになってしまうような地域社会が、今後どう生き延びていくのかといった問題に対処する上でのヒントを得ることができるのではないかと思われます。後ほどまた、そこから出てくる提言、提案についてお話したいと思います。

浅野　有り難うございました。最初のご発言でもあり、少子高齢社会とは何であるのか、といった事もお話いただきました。私自身も、高齢者福祉を専攻している上で、いつも高齢化率の高いスウェーデンやデンマークを参考にしながら、日本を考えておりましたが、実は、日本のあちらこちらに高齢化率の高い地域があって、そういった地域も含めて研究を行っていく必要があるのだということを、今のお話を伺って、随分と反省させられました。それでは、続きまして今度は、「少子化」の立場から芝野先生にお願いします。

少子化と児童家庭福祉

芝野　児童の立場からということで、画像を示しながらお話をさせていただこうと思うのですが、事前に浅野先生の方から、「少子化」「児童福祉」それから「児童虐待」という、三つのポイントで話をするように課題をいただいております。それに十分お応えできるかどうか分かりませんが、今回は、「少子化と児童家庭福祉」というタイトルで話させていただきたいと思います。

今お話がありましたように、このところ少子化傾向というものが続いてきているわけなのですが、厚生省のデータなどによりますと、どうも昭和五五年位から少子化が始まっているということです。それは、いわゆる「人口置換水準」と言うのが、二・〇八の合計特殊出生率でして、これを割ったのが昭和五五年だということです。そこで、少子化の要因というものを考えてみます。

図3　主要国の合計特殊出生率：1950 ～ 1996 年

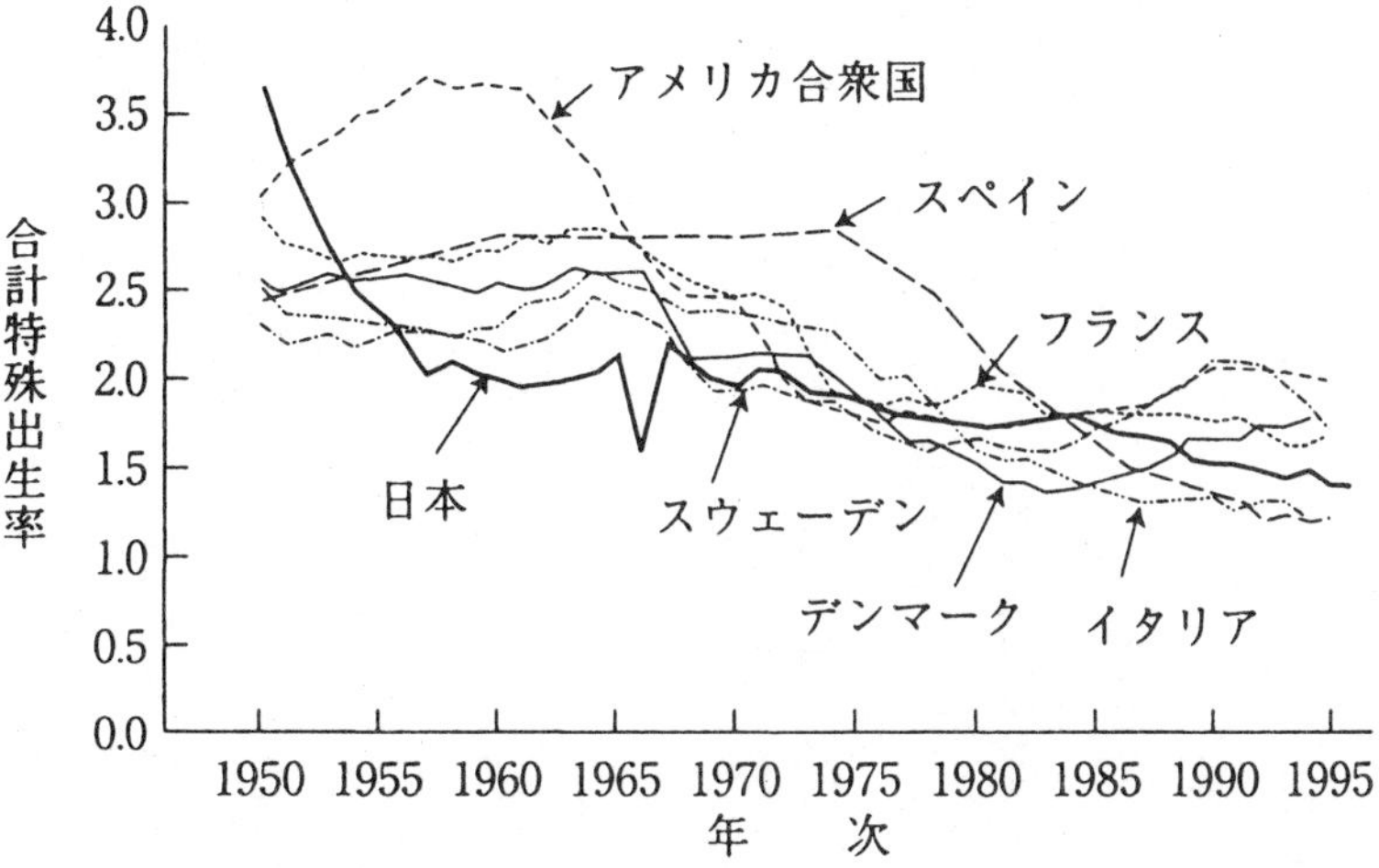

出典：UN, Demographic Yearbook および Council of Europe, Recent demographic developments in Europe and North America

平成一〇年度に発行されました厚生白書を見ますと、これがまるで女性の問題だといわんばかりです。まず、女性の高学歴、それに女性就労の増加、長期化、そのことによる晩婚化、それから初産年齢の上昇、こういったことが大きな原因だというような書かれ方をしています。ちょっと女性の方には気の毒のような気がします。さらに、子育て不安、また、子育ての負担というのがあげられておりますが、これは、住環境の問題も関係しているのかとも思われます。さらに、今度は男性の問題になってきますが、環境汚染によって男性の精子の数が少なくなっているというようなこともあげられています。

次に、この少子化がどんな影響を与えるのかということについても色々と言われています。ま

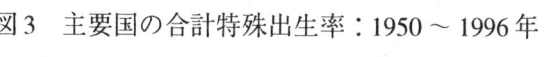

ず、これは私の研究領域に関連しますが、子どもの社会性が失われるのではないか、ということが言われます。我々私立大学が生き残ることができるかというのも深刻ですが……。それから、社会保障制度。これは納税人口が減少することで問題になってくると思われます。経済活動への影響は、生産人口が少なくなることによります。

先進国を対象にしたデータ（「人口問題審議会報告」）でいいますと、出生率に関しては、先進国は軒並み右へ下がってきていますが、その中で少し上がっているところがあります。これはデンマーク、スエーデン、それにアメリカが、若干回復していることを示しています。それほど目立った回復ではないのですが。アメリカは二・〇四で、二を少し超えたといわれています。こうした原因については、人口問題審議会によりますと、仕事と育児のバランスに配慮した、働き方に関する制度の整備、それに保育サービスのありかた、子育ての経済的負担への対応といったことがあげられています。

フランスやイギリスというのは、育児休暇の利用などを見てみますと、圧倒的に女性が多く、男性はほとんどないということです。育児の役割が、日本と比べても女性に偏っているのが指摘されます。ドイツもそういった傾向があります。さらに、三歳児未満の保育利用率は非常に低いとも言われていますが、オランダは大体横這いになっていますが、これは男性も育児休暇を利用しているという現状の反映でもあります。

出生率が増えているところを見ておりますと、一般的に女性の労働率が高いことや、三歳児未満の育児サービスの利用率が高いこと、また、男女共同参画が進んでおり、いわゆる固定的な性別役割分担という形ではない、といったような印象を与えるのですが、例えば、一番増加しているアメリカについて見ると、よく分からない。これといって何もしていないんです。保育制度もこれといったものがなくて、一般的にはベビー・シッターがかなり利用されている現状です。しかも、これは全部個人負担なわけです。まさに自立社会という感があります。これは、私のキーワードでもあるのですが、これからの福祉は「厳しい福祉」「自立の福祉」といった感じが非常に濃厚です。

それでは、日本はどうかといいますと、二年くらい前に「少子化に関する基本的考え方について」といった厚生省の提言が出てきました。それから、「少子化を考える」と題する平成一〇年度の厚生白書があります。また、「少子化への対応を考える有識者会議」、この（平成一一年）六月には「国民会議」というものもつくられたという話を聞いております。その中で、色々な提言がなされています。「家庭に夢を分科会報告書」を読んでみますと結構ホロッとさせるような、沢山のことが書いてあります。これだけやってくれたら嬉しいな、と思わせます。それから、「夢ある家庭づくりや子育てができる社会を築くために（提言）」などにも、盛りだくさんの提言がなされています。本当に実行できるのかなという疑問もあるのですが …。五月には、十八閣僚から成る「少子化対策推進関係閣僚会議」というのができました。

これらをまとめてみますと、このように言っているわけです。「少子化の要因への対応」というのがあり、それからもう一つ、「少子化の影響への対応」ということがあるということです。「少子化の影響への対応」について言いますと、具体的には何もあげられていなくて、それよりも「少子化の要因への対応」をまず行っておればなんとかなるんだ、ということらしいんです。いかにも楽観的だなという気もいたしますが…。それでは具体的に何をするのかということを見ていきます前に、少しここで話題を変えまして、「児童福祉」のことについてお話したいと思います。

まず第一は「エンゼル・プラン」です。これは先述の色々な提言が出てくる前の一九九四年に提言されています。四省庁―文部省、厚生省、労働省、建設省―の合意によるところの、「今後の子育て支援のための政策の基本的合意について」です。とりわけその中でも「緊急保育対策五カ年事業」では、かなりきっちりとした数値目標を出しています。予算の裏付けも、その時点ではちゃんとしているのです。それから五年経って、実はこの事業は今年で終わる訳ですが、本当に達成できたのでしょうか。

事業内容としては、次のようなことをあげています。今、「待機児童」というのが、ますます問題になっていまして、この対策のために、今年緊急の予算で二千四億円という膨大なお金が費やされています。エンゼルプランでは、〇歳から二歳までの児童の保育については四五万人から六〇万人にしますよ、ということです。それから、六時以降の延長保育は今、二、二三〇か所、ほとんど民間ですが、それを七、〇〇〇か所にします。緊急一時保育施設を四五〇から三、〇〇〇にします。その他にも色々ありまして、最後に「地域子育て支援センター」大幅に増やしますよということになったわけです。これは、保育所に併置されるということです。当時は二三六か所でしたが、それを三、〇〇〇か所にする。三、〇〇〇か所といえば凄い数だというふうに思いますが、自治体の数が三、三〇〇あるということから言いますと、ひとつの自治体にあるかないか、といったことになります。神戸市には二つありますし、大阪府にもいくつかあるようです。

それに、「児童福祉法」の改正です。これは九八年にありました。その中で出てきましたのが「家庭支援」「子育て支援」ということで、児童福祉の視点の大きなシフトです。「児童自立支援施設」という聞き慣れない施設ができてきますが、以前の教護院なんです。教護院を改めて、「児童自立支援施設」ということで、子どもたちの自立を促していこうと言うことです。それから、「母子生活支援施設」。これは母子寮のことです。これを改めて、新たな機能を追加するということです。最後に、「児童家庭支援センター」です。これは、児童養護施設に附置される新たな施設で、家庭支援の要ともなり得るものです。

「措置」から「契約」へ
―福祉行政のコンセプト転換

こういった法改正のキーワードの一つに、「措置」から「選択／契約」へということがあります。例えば、保育所を例にとってみましょう。私が「うちの子どもを保育所に入れたい」といった場合、保育所に直接行くようなことはしません。行っても断わられます。そこで、役所に行きまして、「うちの子は保育に欠けるんです」というふうに言います。それなら証拠を見せなさい、ということで、「夫婦が二人とも働いている」といった証拠を見せた上で「申請」し、そこで「適合性」が判断される、ということになります。そして「適合性」が認められると、「行政処分（措置）」という扱いになるわけです。そうした場合、近所に保育所があったとしても、そこが一杯であれば遠隔地の保育所を利用することになる、という具合でした。それが、児童福祉法の改正によって、「選択」という考え方が出てきたわけです。どのようになるかと言いますと、私は子どもを保育所に入れることを「希望」、「選択」します。そうすると、専門家によって「必要性」が判断され、そして必要性が認められれば「契約」を結ぶ、ということになります。すなわち、保育所を直接選ぶことができるわけです。今はまだ制限がありますが、法改正によってこういう方向に動き出したのです。果たしてこれがうまく機能するのかということについては、いくつかの社会的な条件が前提となります。

その一つは、まず資源が十分にあるということです。つまり、選べる保育所がちゃんとあること。これについては、先ほども言いましたように、待機児童がかなりいるわけです。三歳を越えると、今度は余っているのですが…。行きたい保育所が近くにないとかいう問題もあります。それから、二つ目の条件として情報の提供ということがあります。今、保育所についての情報というのはほとんどないわけです。ある保育所が、どのようなことをしていて、どれだけの保育効果をあげているか、どれだけのサービスをしているか、といったことについては情報がないのです。説明責任（アカウンタビリティー）の問題ですね。三つ目の条件としては自己責任があげられます。万が一、自分が選択した保育所に満足できなくてもそれは選択した人の責任なのです。こういった条件が整ったならば、「措置」から「契約」へというキーフレーズが活きてくるでしょう。

資源づくりから福祉の新たなソフトを求めて
—「親と子のふれあい講座」

家族、友人、近隣といったインフォーマルな資源というのは、非常に重要だと思うのですが、ここでは制度的資源を見ていくことにしましょう。まず、「学校」がありますね。学童保育で言えば「児童館」があります。さらに児童福祉関係では、「児童相談所」というのが、地域の中で重要な役割を与えられています。また、区役所などでは「家庭児童相談室」があります。これらは全て公の資源です。そして保育所があります。保育所には先ほど言いましたように、「地域子育て支援センター」が付置されます。児童養護施設には、「児童家庭支援セ

図4　子どもと親を支える資源

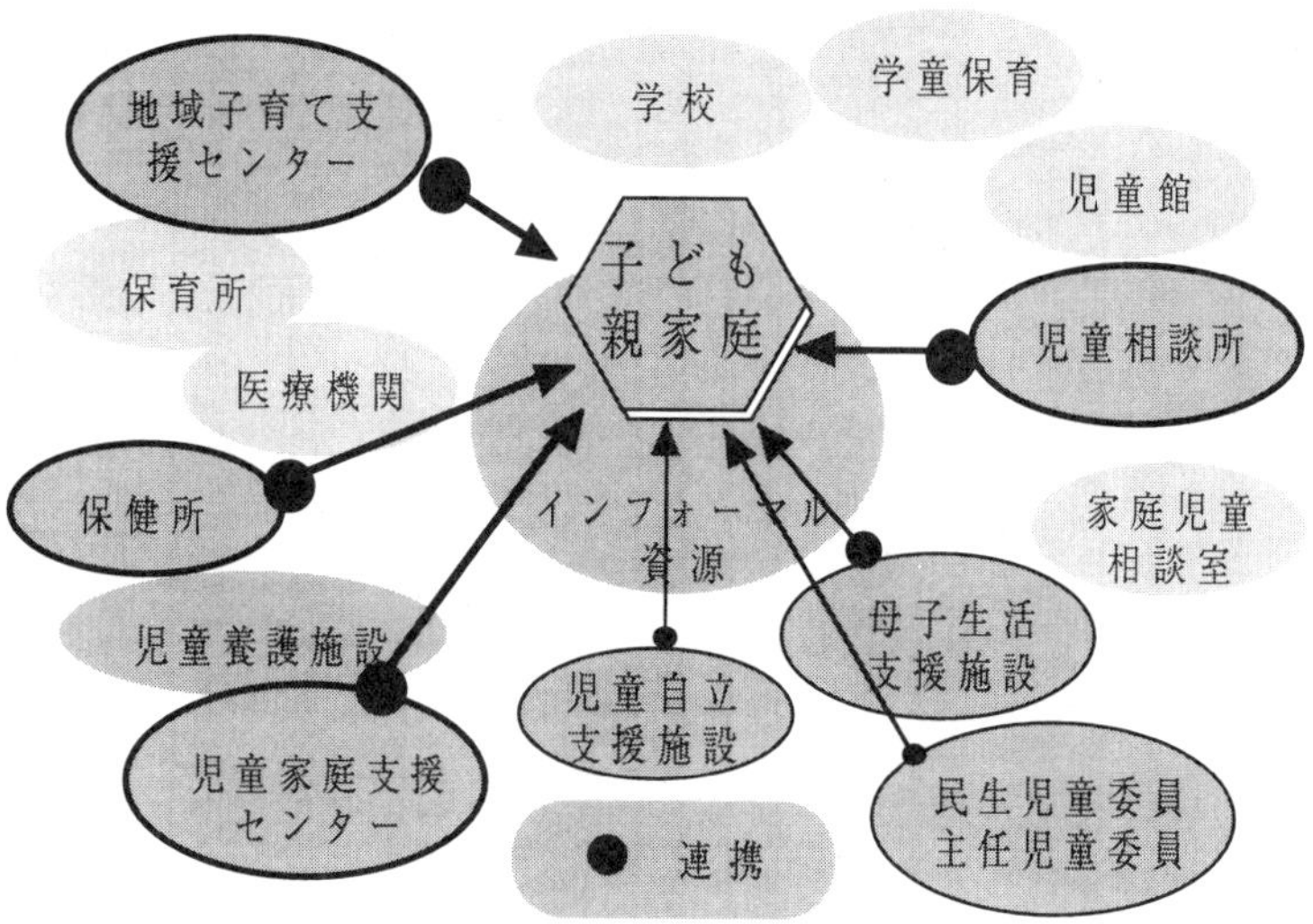

ンター」があります。「児童自立支援施設」、「母子生活支援施設」。その他にも重要な資源があります。これは「民生委員」「主任児童委員」、「民生児童委員」といったものです。

図4の中の○で囲んだ部分で言いますと、これが実は全て、マネジメントを行える機関なわけです。多くの資源をうまく連携させて、家庭に対して適切な資源を適切な時に提供するマネジメント機関になり得ます。そのなかでも、この三つ（「児童相談所」「地域子育て支援センター」「児童家庭支援センター」）が中心になるのではないだろうかと考えております。ところが、ここにはまだ「ソフト」がありません。「児童相談所」は今、児童虐待の問題で大混乱です。「地域子育て支援センター」について例を見てみますと、例えば「NM保育所」というのがあって、延長乳児、低年齢保育、一時保育、障害児保育などといった、色々な保育の試みを行っています。ここは「チャイルドハウスM」という、地域子育て支援センターを運営していますが、今行っていることは育児相談と子育てサークルづくりです。一寸勿体ない気がしますが、これが今のところ精一杯のようです。

ひとつには「人」がいない。専門家がいないということなんです。次に「児童家庭支援センター」の例として、K市のセンターでは実に様々な試みが行われていて評価できます。このような施設が多く出始めているわけですが、やはりマネジメントに関して言えば、「ソフト」がないというのが現状です。しかしながら、一方で色々な資源をどんどんつくっていかなければいけません。我々の研究室でもいろいろ資源を開発し始めています。その一つは、育児不安や育児負担に対する資源です。色々調査しました結果、こんなふうな条件が揃えば良いのではないかと考えてみたわけです。

まず、「育児の動機付け」、すなわち育児というのは「できるんだ」「楽しむんだ」という動機付けを行うということ。それから、「個別の育児知識／個別の育児技術」、そして「横の繋がり」を持とう、孤立させないようにしようということです。それだけではなくて、「息抜き」も大切だ、というわけで、それらを踏まえたプログラムを作り始めました。そこで我々のソリューションとしてでき上がったのが、「親と子のふれあい講座」というものです。今年、神戸市内にある児童館―中学校区にそれぞれ一つ、合計一〇五あるわけですが―それらの児童館全部で開催するということになりました。

地域での子育て支援ということについて、このあとまた提言させていただくことになると思いますが、ここで一旦話を終わらせていただきたいと思います。

浅野　有り難うございました。児童福祉の立場から問題点と、現時点での対応、新しい試みといったことをご紹介いただきました。続きまして、大谷先生にご発言をお願いします。

二一世紀の人口減少と、生活の新たな視点

大谷　社会保障ということでもないのですが、最初に小川先生の方から、高齢化の諸問題を全体的にお話いただきまして、人口構造の変化に対応した分配のしくみといった、新しいシステムの必要性について議論がされましたけれど、それと同時にもうひとつは、実は日本の人口の絶対数が減少するのが二一世紀なんですよね。

現在約一億二、六〇〇〇人で、二〇五〇年、すなわち一九八〇年生まれの人たち、今二〇歳の学生さんたちが七〇歳になるときですが、その時には約一億人に下がります。一億人というのは一九六七年のレベルです。二一〇〇年には、もちろん我々はその頃にはいませんけれども、六、七〇〇〇万人になります。これは大正時代から昭和初期の人口レベルです。そうなりますと、現在の生産力を前提として、全体の面積というものを考えれば、一人あたりの生産力というのが凄く大きくなりまして、土地ももっと広く使えるわけですね。人口が今の半分ですから、みんなが今の倍の広さの家が持てるわけです。過密もラッシュもなくて、ひとまずは良くなります。そういう

意味でいえばいいことだと、まず考えた方がいいと思うんですけれど。

ただ、今後この様な傾向がずっと続けば、これはSFなんですけれど、西暦二五〇〇年には日本全国の人口が三〇万人になってしまう。すなわち西宮市の人口がそのまま日本の人口になります。ですから西宮市長はもう首相になれるわけです。そしてさらに西暦三五〇〇年になりますと、日本人の人口は一人になります。宇宙戦艦ヤマトでいうところの最後の日本人がイスカンダルへ飛び立つのが西暦三五〇〇年なんです。まあ、こういったSF的な話がでてくる位に人口が減っていくということです。

二〇世紀は日本の人口が増えた時代でしたけれども、二一世紀は人口が減っていく時代なんだということを前提にしなければならないわけです。それで社会を維持していこうとすれば、一人ひとりが今以上に働かなければいけなくなる、そうでないならば生活水準を下げるかしなければならなくなります。しかし、物的な豊かさに比べて、自然のゆとりというのは今よりも広がるとは思います。そういう意味では、活動の仕方が変わります。この辺りが面白いところだと思います。ここにいる学生さん方が四〇歳、五〇歳になるころには人口が減っているわけですから、今以上に広々とした社会で生活して、のんびりできるんじゃないかなと思います。

ただ、問題は、やはり小川先生が指摘した通り、地域間格差が非常に大きくありまして、現在約三、二五〇程ある全国の市町村のうち、高齢化率が三割以上の市町村というのは、約八%から一割くらいです。ですから、三〇〇位あるかないかなんですね。ところが二〇二五年、今二〇歳の方が四五歳になったその時には、全国の六割の市町村が高齢化率三割以上という町になります。そして大都市に人口が集中してもその構成が地域ごとにちがいます。今既に大阪の中でも「千里ニュータウン」などはもはや「千里オールドタウン」になっていますね。一九七〇年代頃は三〇代の方がたくさんいましたけれども、その後若い人がいなくなったまま三〇年経ってますから、三五歳で入居した人は、今六五歳です。だから。同じ年代が集中している人口構成の町というのは、いっぺんに駄目になってしまう。そういう意味で言いますと、色々な年齢層の人たちが集まって住んでいると、少しずつの変化に止まるわけですが、千里や泉北のニュータウンなんかは、いっぺんにオールドタウンになり、ゴーストタウンになってしまいます。希望と同時にこのような問題が残されているという、これが一点目です。

第二点目は、高齢社会を考えた場合に、例えば生協が作成した関連図書のリストを見て貰えばいいわけですが、一頁目のところから「ケア」や「介護」といった分類項目から入っています。高齢社会というのは「ケア」と「介護」なんだと考えると、どうしても暗くなってしまうんです。ところが、先ほどの小川先生のお話にも出てきましたが、東和町といった所ですと、死ぬまで現役だということなんですね。魚釣りだとか蜜柑園で働いたりして。実は私もこの間、島根県に行って来ました。島根県では、人口が毎年二万人から三万人づつ減っていまして、今では県全体で八〇万人位になっているはずです。ちなみに鳥取県は県全体で六〇万人で、それこそ阪神間でいえば一つの市ぐらいの規模ですけれど、その人口六〇万人の島根県に約六〇程の市町村があります。私が行ったのは栄村という、人口一、八〇〇人の村で、そこで介護保険の話をしたんですけれど、そのあたりの地域では、七〇歳、八〇歳の方でも平気で働いておられますし、バイクに乗って田んぼに出かけたりしているんです。ですから、そういう意味でいえば、高齢社会を語るのに、こういった「ケア」とか「介護」とかいった話から始まらないような本が、もっと書かれなければいけないんですね。この辺で、今考えられている事をお話したいと思います。

高齢者に対する見方を変える
―「国際高齢者年」と国連原則

実は今年は、「国際高齢者年」ということでした。障害者福祉でいえば、一九八一年に「国際障害者年」がありましたよね。それに、「国際児童年」というのもありました。そして、やっと今年

「国際高齢者年」ということになったわけです。国際年ということで言えば、一九七五年が「国際婦人年（女性年）」でしたから、女性─障害者─子ども─青年（これは誰も覚えていないのですが）─そして居住年があって、そしてやっと高齢者、となったわけです。

つまり国際的にはこれまでは、高齢化の問題よりも、むしろ中国とかインドに代表される人口爆発の問題が大きかったわけです。現在でも、先進工業国では高齢化率が一三・五%ですが、開発途上国は四%台なんです。日本で言えば一九六〇年ぐらいの割合で、六五歳以上の人が一〇〇人中四人位ですから、少ないわけです。もちろん戦争や飢餓といった要因もあって、生き延びることが難しかったわけなんです。それが今後、二〇五〇年になれば、先進工業国は二五%になり、開発途上国でも高齢化が大きな問題になるのだということが、先ほどの小川先生のご指摘にもありました。だから、国際年として、国際的に取り組む必要があるという議論が出てきたわけなんですね。そういう意味では、二一世紀は高齢化の問題が、国際的にも非常に大きなポイントになります。

それでは、国際高齢者年の基本的なテーマは何かといいますと、これは非常に面白いんですが、「高齢者に対する見方を変えよう」ということが提案されています。これは、一九九一年の国連総会で採択された、「高齢者のための国連原則」というのがあって、この原則を二一世紀に向かって今年から実現していこうというわけです。ここには、五つの原則がありまして、その一つは、さっきの芝野先生のお話にも出ましたけれども、「自立（independence）」ということです。これが一番最初に掲げられています。自立の定義の中には、日常生活ができるといったこともありますが、例えば、仕事や収入を得る機会を持てるかどうか、それにチャレンジできるかどうか、あるいは退職時の決定への参加―年齢制限によって、一方的に会社から退職させられるのではなくて、自分はまだ働けるから働きたい、あるいはもうそろそろくたびれたから退職したいといったことを自分で決めること―も自立だと、つまり他人に決めつけられるのではなくて、自分でどうしたいのかを考えられるということで、働きたいと思えばいつまでも働けるわけです。

それから、教育訓練の機会を与えられるかどうか。今でも、社会人の方が本学の大学院の講義にたくさん参加されていますが、それが六〇歳を越えた人たちでも、新たに意欲を持って勉強するようになる時代になるかどうかです。それから、可能な限り自宅に住むこと。そうすれば住宅問題が非常に大きなものになってきます。

二つ目の原則というのは、「参画（participation）」です。社会の一員として、政策決定に参加していくということです。つまり、それは若い世代と高齢者の世代が、それぞれの知識や経験を共有するということなんです。あるいは、ボランティアによる共同体や社会への参加とか、高齢者自身が運動したり、組織化を行うといった、集会・結社の自由に関連したことですね。これはアメリカに典型的な例としてＡＡＲＰ（全米退職者協会）という、人数は今はっきりと分からないのですが、約三千数百万人位の組織があります。全米の人口が、今二億数千万人ですから、その割合を人口が半分の日本に置き換えてみると、約二千万人の組織というイメージになります。そういった多数の人が運動を起こしているわけです。

つまり、他の人たちのお世話になって、支えて貰うのではなくて、その中の一員として社会に参加するんだということなんです。ですから、今回の介護保険にしても、保険料を高齢者にも負担して貰うというのは、一つの社会参加の仕方です。知恵で参加するか、労働力で参加するか、お金で参加するか。いままでのように、高齢者に対しては差し上げます、ということはもう成り立たないのです。そういう時代に変わってきているということです。

それから、三つ目は、「ケアの権利」。これは勿論、言うまでもないのですけれど、自分のプライバシーを守りながら、生活の質を決定する権利、これがケアなんだということです。介護保険で言うところのケアも、こうした原則の中にありますから、自立支援ということで、お世話をするのではなくて、自立のためにケアをするのだということです。言い換えればケアがあって、初めて自立ができるんだという考え方に、今、なってきています。

四つ目は「自己実現」です。自分の可能性を実現し、発展させる機会を持つということです。そのために、教育的な、あるいは文化的な資源を使ったり、精神的なゆとりを持つために、娯楽的資源（「娯楽の権利」というのは「子どもの権利条約」の中にもあるのですが）を利用したりするということです。そして最後は、「尊厳（dignity）」です。すなわち、精神的、肉体的な虐待からの解放です。のびのびと自分の生活ができること。経済的な貢献度にかかわらず尊重される、ということです。

こういったことを含めて、二一世紀のコンセプトは「すべての人々のための、ひとつの社会」。すべての年代の人々（all age）にとっての、ひとつの社会なのだ、ということです。いままでは、六五歳を過ぎると別の世界に住んで、援助を受けるだけということになっていましたが、年を取っていても若くても、同じ社会のメンバーとして力を発揮していく、「統合」（inclusion）という考え方ですね。あるいは「共生」といっても良いと思います。お互いに作っていくということです。そんなふうに、価値観や、ものの見方を変えていき、その上で新しいシステムを作っていく。

その意味で言いますと、介護保険についても、高齢者自身が保険料を払うということですから、今までの老人医療の無料化という発想と違って、きちんと払うべきものは払っていただくということです。そのかわり文句は言って貰っていい。あるいは、ＮＰＯを通じてお年寄り自身が、ヘルパーになったり、送迎のケアを担当したり、食事サービスをしたりして参加するということもやっていく。一方的に受ける福祉から、自分たちが作っていく福祉に変わっていくことによって、人口が減少していく中でも、もっと広々とした社会生活ができるようにしていく時代になるのじゃなかな、あるいはなって欲しいなと思うんです。そうなると、少子高齢社会の文献目録にしても、もっとのびのびしたものになるのではないかなと思います。

浅野　有り難うございました。それではさいごになりましたが、松原先生お願いします。

二一世紀における「自立」と「共生」

松原　今日のシンポジウムは、パネラーの顔ぶれを前もって聞かされた時から、随分面白いものになるだろうと期待していましたが、実際、私自身パネリストだということを忘れてしまったくらいです。小川先生も、大谷先生も、今までに書かれた論文にないことを話しておられるので、今日会場に参加された方は随分得をしているのではないかなと思います。

今までお話を伺ってきまして、少子高齢社会に関してのキーワードがいくつか出てきたと思います。そのひとつは、「自立」ということで、小川先生の東和町に関するお話にもありましたけれど、自分の人生において自分がずっと主人公であるという、こういった主体性といいますか、それを東和町の例から学べるのだと思います。それから、大谷先生が紹介されました、国連原則の「尊厳」だとか「自己実現」であるとか、あるいは「ケアの権利」といったことは、個人の自由や主体性、あるいは「自律（Autonomy）」に着目した自立概念が表現されていると思います。

また、一方で、芝野先生がお話されました、子育て支援、家庭支援あるいは地域での支援に関連して申しますと、これはどうも子育て環境というものが孤立しがちであることではないかと思います。福祉というものは、高齢者福祉や児童福祉も含めまして、介護や子育てに対して私たちが援助していくことが社会福祉だというふうに考えることが多いわけですけれど、実は、ここには「社会的孤立」という問題があり、これを克服していくことこそが、「社会福祉」の「社会」の部分であると思います。

つまり「社会福祉」でいう「社会」の意味合いというのは、インターアクション（相互作用）ですとか、我々が社会的なネットワークの中で生きているのだということを前提として、その中に含み込んでいくような社会的「統合」とか「連帯」、あるいは「社会参画」といった意味合いを持ったものだと思います。それを一言でいいますと、「共生」ということだと思うんですね。

そう考えますと、今日のシンポジウムでは、二〇世紀の社会福祉、あるいは社会学のテーマであった「自立」と「共生」というものを、二一世紀も引き続いて、より深く掘り下げた取り組みを行っていくことが、展望を開いていくことではないか、あるいは「熟成社会」に向けたひとつの切り口として、「自立」と「共生」というキーワードが確認されたのではないかなという気がいたします。

ただ、ここで「自立」と「共生」というふうに並べて言った場合、この二つの考え方がごく自然に共存するといったような感じを抱かせるわけなんですけれど、これがなかなか難しい。例えば、法思想史的にこの二つの言葉を言い換えますと、ある意味で「自由」と「平等」に対置されるわけですけれど、この「自由」と「平等」というのは、ともすれば相反するといいますか、時として相対立する概念として、緊張関係にあったとも言えます。子どもを作る「自由」、一方で、社会を構成していく「義務」。このように「自立」と「共生」というものを、具体的なライフスタイルに置き換えて考えてみましても、大変難しい問題を含んでいるように思えます。それから、「共生」ということで言いますと、これは生物学だとか生態学で用いられた概念でありましたが、同じ環境のもとで生物が生活していく上で、片一方だけが得をするという「片利共生」と、お互いが利益を得る「相利共生」とがあるわけです。当然ここで目指していくものは、「相利共生」、つまり双方が利益を得ていくものでなければならないと思うんですね。ですから「自立」と「共生」をめぐる価値観を、私たちがどのように深めていくことができるのかということが、今日のシンポジウムの副題にあります「熟成社会」といったものを目指すときの、ひとつの大きなテーマになるのじゃないかと思います。

もともと西洋の社会にあっては、「自立」ということが大変強調されていました。神のもとでの「個」というものがあり、それが確立された上で「共生」にむすびつくといったパターンが考えられていたのではないかと思います。まず「自立」があって「共生」がある。つまり「個」の確立があった上で、他者への配慮、思いやりが生まれてくるということです。あるいは、フランスでもそうなのですが、社会連帯主義というようなものは、むしろ個人が個人主義を謳歌し過ぎた、やり過ぎたということで、逆にserviceという、負債としての連帯を社会思想として持ち出してきたわけなんですね。

今日のアメリカにおきましても、面白いことに、共和党も民主党も、過剰な民主主義に対してブレーキを与えて、新しい共生、あるいは共同社会をつくっていこうという、communitarianismといった考え方が支持されてきています。つまり、行き過ぎた個人主義に対してバランスを取って、もう少し社会に還元していこうとする動きです。ということで、「自立」と「共生」といった時には、先程言いましたように、むしろ「自立」対「共生」といったようにお互いに相反することが多いわけです。

具体的に言いますと、ジョン・K・ガルブレイスというアメリカの経済学者は、多数派が自立していった場合に、少数派をどんどん切り捨てていってしまうような現象が、今、アメリカ社会で見いだされるのだということを、『満足の文化（中村達也訳、新潮文庫）』という本で述べています。つまり、経済の豊かさや成長の果実、あるいは政治的な影響力といったものを獲得した、多数派の選挙民が、一九八〇年以降たくさん登場しました。そうしますと、自らの権益に執着して、個人の自由を最優先させる。そして現状維持を図ろうとする。こういったことが「満足の文化」だというわけです。その結果、クリントン政権は第二期に入っても、公約として掲げていた、国民の全員が入るという医療保険制度をいまだに実行できていません。これは保険会社の反対だけではなくて、何よりも選挙民が「自立」を強調した反面、お互いが助け合うという、こういった制度に反対しているからなんです。自立が大事だということを強調するがあまり、むしろ日本でいうところの生活保護の医療扶助に該当するMedicaidを使えばいいのだということを、この「満足の文化」の落とし子たちは選択しているわけなんです。しかし、現実にはその人たちの協力がなければ社会は機能し得ないという、ガルブレイスの言葉を使いますと「機能上不可欠な下層階級」という人たちが一方にいます。そうするとこの人たちは、満ち足りた民主主義の奴隷ということにもなってしまうわけです。そういう意味で言いますと、新古典派経済学は「自由」をさかんに標榜していて、極端な場合には社会的な援助が自主性を妨げてしまうのだと主張しているわけですけれど、そういう考え方は、快適な地位にいる人たちを守る政策を正当化する役割を果たしているのだと、ガルブレイスは言ってます。

新たな時代における、民主主義概念の展望

こういった例を見ましても、「自立」と「共生」が相対立する概念だということが言えると思います。そういう意味で考えますと、今後北欧をモデルとして見るのはどうかということを、先程小川先生が仰ったのですけれども、この「自立」と「共生」という概念をうまく共存させているという、その観点からいいますと、やはり北欧は注目に値するのではないかなというのが私の考え方です。社会のメインストリームから外れている、あるいは外されている人たちを、最大限に社会に統合（Integrate）していくというのがノーマライゼーションの原理だと思うのですけれど、

こういった考え方は言うまでもなく、デンマークやスウェーデンで生まれ、かつ発達してきたものです。そう考えますと、高齢社会のモデルというよりは、むしろ民主主義社会のモデルとして──（子育てに対する）男女共同参画のお話もありましたが──「自立」と「共生」を同時に存在しうることを示した北欧の国々は、そういった意味でモデル性が高いのではないかなと思います。したがって、この「自立」と「共生」をいかにして、共存させ、深めていくことができるかを考えていくことによって、展望が開けていくのではないかというのが、ひとつの戦略的な考え方だというふうに申し上げたいと思います。

浅野　有り難うございました。一通りお話いただきました。すでに「熟成社会への提言」が話されていましたが、後半はパネリストから、今後の熟成社会についてのより具体的な提言をいただきたいと思います。まず、私の方から、いくつか素朴な疑問を提示します。まず、小川先生は東和町の例をあげられましたが、東和町はいわば農漁村の地域です。では、都市部において、高齢者が生き生きとして生活をしていくためには、どうすればいいのか、その辺についてお聞かせ願えればと考えます。

それから、芝野先生のお話を伺っておりまして、これも先日新聞で読んだのですが、どうも少子化対策は、いわゆる「箱モノ」中心だということが言われるわけです。つまり、少子化対策の「質」の部分があまり取り上げられていないということですが、そのことについて、今後どのようにお考えになるのかということです。それにもう一点は、親としての「子育ての喜びや楽しみ」ということはあまり強調されずに、問題ばかりが全面に出ていて、何かと「負担」ということが言われ続ける。そういったことを、子育てをした経験のある親御さんからよく聞かされますので、その辺のところも、将来展望と絡めてお話しいただければと思います。

大谷先生の人口減少のお話は大変面白かったのですが、今年が「国際高齢者年」であるということについて、このことを知っているのは、ほんの僅かな関係者のみだと思います。高齢者に対する見方を変えようと言っても、なかなか無理があるわけですね。それでは、どうすれば変わるのだろうか。そのことについてお考えがあればと思います。松原先生については、「自立」と「共生」ということで、最後におまとめいただきたいと、期待しておりますので、宜しくお願いいたします

人口移動と脱産業社会モデル
―インナーシティー問題と移民

小川　それでは、最初にご質問に答える形でお話ししたいのですが、東和町というのは農村でありまして、そのような農村にふさわしい状態で、高齢社会を逞しく生きているということだったんですけれど、では都市部はどうかというご質問ですね。私も探しているんですけれど、ここぞという都市がなかなかなか見つかりません。

それに近いようなところでいいますと、秋田県の鷹巣町という地域が、日本のデンマークを目指すんだということで、非常に良くやっておられます。このあいだもそこの町長さんと会ったのですが、今のようなきわめて特殊な形態の施設福祉と在宅ケアが分離している状態が、二一世紀にはなくなるだろうと話されていました。一般的な住宅政策の中に福祉的な観点が入っていって、ますます住宅基準が福祉レベルに合っていく、逆に言いますと、福祉施設が、限りなく普通の住宅に近いかたちになっていくだろうと言われます。そしてそういう状態を支える人的サービスと、また、それをフォローするような福祉機器類が、技術革新によってもっと進化するであろうと言われます。

だからそういう考えをいち早く取り入れた町づくりをしたいということで、福祉自治体として名乗りを上げている鷹巣町ですが、ここでは住民自身が委員会を作って、つまり住民が参加をしながら、自分たちの問題として高齢化に取り組んでいるというようなところなんです。ですからこれは一つのモデルになるのじゃないかなと思います。

さて、私自身はそういった日本の中で特異点とでも呼べるような秋田県鷹巣町や、あるいは山口県の東和町などといった地域を念頭に入れながら、もう一つ非常に深刻な問題として考えなければならないと思うことは、人口の移動の問題であるということを言いたいわけです。

日本の地域社会は、ただ単に子どもが生まれるとか生まれないとか、あるいはお年寄りが長生きするとかしないとか、そういった問題を超えて、どういった人たちがその地域に入ってくるのか、または出ていくのか、そういった要因によってその地域の人口の高齢化が決まるわけです。その、人口の移動という問題は、しばしば過疎化という言葉で語られますけれども、過疎化の現状はいわゆる山間部や離島だけではなくて、今や都心部で起こっているわけです。いわゆるインナーシテイー問題としてあるわけですね。

先程、オールドタウンになってしまった千里「元」ニュータウンについてのお話があったわけですけれど、これなども結局若い人たちがそこに住まなくなったということで、元々住んでいた人たちが取り残されたという例で、そういった人口の流出といったものが、まさに郊外においてまで展開されているということなんですね。逆にいいますと、この現象は、もしかすると二一世紀の日本全体の問題になるかも知れないのです。

例えば、我々が国際的な会議などで、今後日本の人口が減っていく、あるいは高齢化していくといったことを発言しますと、それではこれからの日本は外部からの人口の流入、すなわち外国人が沢山入っていくということを考えているのですかということを、反対に聞かれます。実際そういった点から見ますと、南アジアの国々では日本が次の移住国であるという捉え方をしています。そのような場合に、日本がそういった人たちも引き受けて福祉社会を構築できるかどうかということが、今一度考え直さなければならない課題になってくるわけです。そういう意味では、地域だけの問題じゃなくて、国際的な問題も含めて、この人口の移動といった問題は、無視することのできない非常に大きな課題であろうと思っています。

それでは、そういったことも含めて、二一世紀の日本が熟成社会という形でどう展開していくのか、ということになりますと、少なくとも私自身が考えていますのは、今までの産業社会をモデルにして、完全雇用といったものを理想にするという考え方だけでは、もう対応できないだろうということなんです。むしろ福祉社会ということを考えて、人びとが完全に社会参加をするというイメージで考えた方がいいのではないかと思います。

そこで完全社会参加といった場合には、勿論、就業可能な場合は就業するということもあるわけですけれども、必ずしも「就業」すなわち所得を得るための働き方だけではなくて、ボランティアというような働き方の問題をも含めて考えていかなければならないと思います。

そういう意味で言いますと、今後の日本社会の構造を考えたとき、これまでの市場経済というもの、それから公共経済という、この二つの柱だけではもう駄目だと思うんです。そこにもう一つの、いわゆるＮＰＯだとか、家族だとかが担っている経済を認めていく必要があるわけです。すでに東アジアでは、最近になって、いわば保守的だといえないこともないのですが、高齢者の問題を考える場合に、「親孝行法」と呼ぶにふさわしいような法律まで作っているわけです。つまり、親が子どもによって世話を受ける権利を保全するといったことを、法律で定めるという動きが、シンガポールをはじめとして、中国や韓国でも始まっているわけです。

一方でこういった動きがあるということですが、もう一方の動きとして、高齢化と少子化との矛盾をどう乗り越えるかということで、先程二つの国々の例がありました。デンマークとアメリカです。この二つの国々は、日本にとっては、地域のありかたを考える上で、あるいは日本全体を考える上でいろいろと材料を提供していると思うわけです。例えばデンマークは高齢化した社会には珍しく出生率が回復した国です。子育てしたい女性を支える社会制度と男性の行動が注目されます。またアメリカがあれだけ先に人口の高齢化を始めていながら、高齢社会ではない。その影にありますのは、ＮＰＯやボランテイアと同時に、外国人労働力が相変わらず流入してくる、若い外国からの移住者なんですね。こういったものを含み込んだ社会であるのかないのか、といったことが最終的に社会の制度を考える上での大きな課題でしょうし、そういう社会に生きることについて、我々の側に心構えができているかどうかが問題になってくると思います。そういったことが子育てを含めて今後の展望を考える上で非常に重要な問題なのですが、少なくとも「共生社会」という考えを共有できたとしても、その内容をどうつくっていくか、「違い」をどう共存させていくのか、時間のかかるテーマですけれども、みんなで議論をしなければならないことだと思います。

しかしそれは恐れる必要はないと思います。山口県の生んだ詩人、金子みすゞの詩の一節が、今後の我々にとっての希望になるかも知れません。

――みんな違って、みんないい

この原則をみんなが分かったときに、コラボレーション（協働）というかたちで、自立と共生という社会の実現が得られるのではないかと、私は思います。

グローバルな問題共有の視点

松原　今日のテーマが「少子高齢社会」ということに限定されていたためあえて言わなかったのですが、小川先生の方で少し話しを広げていただけましたので、少し別の角度からもお話したいと思います。

といいますのは、果たして日本社会に関してだけでこの高齢化の議論をすすめていいものだろうか、ということがあるわけです。世界の人口は今六〇億人に達しています。これが五〇億人だったのは僅か十二年前のことで、二〇一三年には七〇億人を突破、二〇五〇年には、およそ八九億人になるといわれています。そうしますと、当然、深刻な食糧問題、エネルギー問題が起きてきますし、その上当然ながら化石燃料も底をついてくる。そうしますと、先ほどの移住の問題にしても、労働市場といった経済的な機会を求めてということだけではなく、例えば「水」を求めての移住というものも起こってくるわけです。

そう考えますと、今日のテーマは「少子高齢社会」ということに、ひとまず限定されてはいるのですが、果たして「少子高齢」という閉ざされたシステムとして、日本だけを見ていくということがいいのかどうか、そういった疑問が絶えずわき起こってきます。特に、外国へ行きまして、これからの日本は少子高齢社会で大変ですといったような発言をしました場合、国際的な現象を全然前提にしていないのか、といった反応が返ってくることがあります。そういうわけで、グローバルな流れの中でいえば、日本社会の「少子高齢化」というものが、局地的な現象、そしてここ数十年の間の現象であるということを、一旦念頭に置いておくことも必要なのではないかと思います。

「箱モノ」型福祉から、中身づくりへ
―「子育て」を考える視点

芝野　日本の少子化対策が「箱モノ」中心だということですが、ご指摘のとおり、確かに行政は「箱」が好きなんですね。「箱」だとはっきり見えるということで、例えば先程も申し上げましたが「地域子育て支援センター」ですとか、「児童家庭支援センター」といった建物をつくるとよく見えますね。それでは、その中身の部分といいますか、ソフトの部分について言いますと、なかなかそこまで予算がまわらないということもあります。しかしながら、どんどん箱をつくってはいるのですが、そこで提供されるサービスが、果たして効果を上げているのかどうかについての

基準を設定しないで、評価することがなければ、大変無駄なことをしていることになります。そういうことを考えますと、これはアメリカのように、ソフトの開発、提供に対して審査のうえグラント（助成金）を出し、きっちり実施結果を評価して、グラントの継続を決定するということをしていく必要があると思います。徐々にそういう方向に進みつつあると期待しているのですが…。

それから、二番目の「親にとっての子育ての喜びや楽しみ」ということについてですが、やはり、どうしても「負担」、「不安」ということばかりが全面に出てきがちです。つまり、「問題指向」なわけです。子育てがうまくいかない、何かいつも問題が起こる、といったふうに問題ばかりを見る。福祉が何を対象とするかといえば、「問題」を対象とするわけです。いいものを対象にしない。ところが、「子育て」ということの中身を見てみますと、実はこれは「親育ち」だということなんですね。「子育て」は「親育ち」です。そうしますと、親も育っていく、また子も育っていくというふうに考えますと、「子育て」というのは、問題ではなくて、「成長発達」なのだという捉え方が必要になってきます。そのことでいいますと、先に触れました「ふれあい講座」なんかで親御さんたちが、「私の子育てはこんなふうにうまくいってますよ」だとか、「こんな喜びがありますよ」といった体験を共有することが大事になってきます。それ以外にでも、たとえばインターネットを開いて「子育て」に関するホームページを検索してみますと、ほんとうにいっぱいあるわけです。「こうするとうまくいった」とかいう、経験がたくさんあるわけです。そういった経験の共有が大事だと思います。

それから、もう一つ。「子育て」というのが「成長発達」であるということを言いましたが、ここで大事なのは、子どもの成長発達の権利を護っていくことなんですね。その意識をしっかり持っていくことが重要なわけです。アメリカが「児童虐待」ということで非常に苦しんで、そこから出てきた結論というのがそれであると思います。生きていく、生活していくことについて自ら雄弁に語ることのできない、またロビイストを使って政治参加できない子どもたちが、声なき声を持っているんだという意識を確立していくことです。その時の視点というのは、地域の中で「子ども」といった場合、子どもだけを取り出すのではなくて、「環境」と「家族」と「子ども」、そして「親」というのが一体であると考えることなんです。この考え方が意外と語られていない。そういう意味では、子育てに対して、負担意識を持っておられたり、子どもの叫び声が聞こえても無関心ではなく、重要な育む環境としての私たちが、積極的に手をさしのべる必要があります。

インフォーマルな資源がなかなか育ちにくいというのも、そういう視野をしっかりと持たないところに原因があるのではないかと思われます。

二番目は、先程申しました問題指向から成長発達へという意識の切り替えです。三番目について言いますと、我々は「子育て」といった場合、技術や知識についてというよりも、どうしても精神的なことで考えがちなんですね。しかし、子どもたちが生きていく、あるいは子育ての中で親が育っていき、子どもが育っていくという意味では、これは具体的な知識、技術というものが必要になるわけです。そういったものを提供していく、また高めていく、評価していく、誉めるということも必要であると考えます。

最後の視点は、子どもの成長の環境というものは、安定した持続的なものであるわけなんですが、けれどもそれが、たえずそうではないということがあります。どうしても成長の環境としてよくないと判断できる場合には、家族から離れていくこともあるわけです。そういったときにどんなオプションがあるのか。そのことを踏まえた上で、将来的なことを見据えてプランを練っていく。例えば五年先などといいますと、なかなか予測できるものではありませんけれども、できるだけしっかりと先を見ながら計画を立てていくといったことが必要になるのじゃないかと思います。

高齢社会を考える上での、高齢者自身の意識変革

大谷　浅野先生から大変いい指摘をいただきましたが、確かに国際高齢者年というのは、インパクトは大変弱いんですね。これを知ってる人はあまりいないだろうと思います。それに対して、国際婦人年（女性年）といったものでしたら、男女の役割分担やジェンダーといったことから、社会に対してもかなり変化を促すようなインパクトがありました。

また、国際障害者年のときも、同様にしてかなり価値観の変化というものがもたらされたと思うわけです。障害とともに生きる。障害をむしろ個性として考えるといった、かなり大きな価値観の転換があったと思います。それに対して、国際高齢者年が何故そういった価値観の転換をもたらさないのか。ひとつはっきりしているのは、高齢者というものは、一挙に高齢者になるわけではないんですね。生まれたときから高齢者という人はいないわけです。それに対して女性は生まれたときから女性です。また、障害者も、比較的運動をしている人たちというのは、高齢障害者よりもむしろ若年障害者―生まれたときから障害を持っている、あるいは二十歳以前、若い頃に事故などの理由で障害を持つようになった―人たちです。また、子どももそうですね、子どもとして生まれてくるわけです。ですから置かれた状態が、生まれながらの状態として、若いとき

から抑圧を感じてきている人たちなんですね。

ところが高齢者というのは、最初からそうじゃない。むしろ現役の労働者、勤労者として社会でバリバリ働いてきた人たちなんです。それは、市場経済のど真ん中なんですね。しかも、この八〇年代、九〇年代というのは、国際競争の唯中で非常に猛烈に働かざるを得ない状況でした。そんな中で、お互いに助け合おうなどと言っていたならば、もう競争に負けてしまうわけですよ。自立や尊厳どころじゃない、それよりも夜中まで働いて、最近でもそうですが、過労死でバタバタと倒れている。それでも不満が起こらない。これだけリストラされて、―中には抗議して割腹自殺した人もいましたけれども―それでも仕方ないという話になります。つまり、現役の市場経済の真ん中にいる人々は、その中で、いわば「孤立した自立」といったような状態のまま闘って、とことん頑張るわけなんです。そうして、頑張って闘ってきた人たち同士が、高齢者になったからといって、さあ今から仲良くしようといっても、そんなふうにはならないわけです。ですから、「市場経済」対「福祉社会」という図式が、「現役の健常労働者」対「退職後の弱った人々」というふうに意識的に置き換えられて考えられるわけです。

その弱った人々は、もう自分たちは現役の市場から引退させられた駄目な人間だというふうに考えて、ますます自信をなくしてしまいます。アメリカの場合などでしたら、そこにNPOのような考え方が入ってきていて、例えばジョージ・ソロスなんかが、東南アジアで思いっきり稼いでおいて、そのあと何億ドルものお金をポーンと提供して社会貢献をする。あるいはビル・ゲイツなんかも、儲けたお金のその半分以上を社会貢献に使うといったことをやります。彼はまたNPOの中で従業員と一緒にペンキ塗りをしたりするわけです。その辺がある意味でアメリカ社会の強さだと思います。一方で猛烈に競争しながら、一方でそういうことをやる。ウイークデイは一所懸命働きますが、週末になると、その猛烈社長が菜っ葉服に着替えてホームレスの人に食事サービスをしたりするわけです。日本ではそれがあまりないんですね。社長も現役の労働者もそういうことをしない。

そうすれば、変革のきっかけは何かというと、例えば高齢者介護の問題で言えば「高齢社会をよくする女性の会」などといった、女性たちの動きから出てきました。介護を押しつけられた女性たちの側からの問題意識として出てきて、社会的な仕事と結びついていったわけです。

それにもう一つは、若年障害者の価値観の転換から出てきました。バリアフリーだとか町づくりへの提案といったものは、まちがいなく障害者の運動としてあり得たわけです。高齢者はそれに乗っかっただけです。例えば、ノンステップバスの開発を要求したのは若年の障害者たちですが、ところが実際に実現させてみれば、高齢者が安心して乗れるんです。また、乳母車を押したお母さんが乗りやすくなった。だからそのために運行効率はむしろ良くなったわけです。ですから、高齢者は恩恵にあずかっているのですが、要求したのは障害者なんです。エレベーターにしたって、障害者が最初に運動して、他の人たちがそれの恩恵にあずかっているということです。そういったように、障害者や女性たちが運動してきて、変革のきっかけをつくったわけです。その意味で言いますと、きっかけというのは、やはりそっちの方からあるのだろうと思います。

産業の福祉化、福祉の産業化
―「市場経済」対「社会福祉」という図式の崩壊

もう一つは、実はその市場経済自体が、今変わりつつあるという事です。例えば、今回の介護保険は、ある意味でこれまでの社会福祉事業に対する、民間企業からのチャレンジの場だと思います。そのチャレンジを受けて、既存の社会福祉協議会や特別養護老人ホームが生き延びることができるのかということです。

例えばベネッセは、少子高齢化に合わせて、子どもを対象にした進研模試から、今度は高齢者介護のヘルパー養成講座を始めたりしています。また、二四時間型のヘルパー派遣業を全国展開している、コムスンといった会社もあります。ちなみに、ここの現在の社長は、かつて「ジュリアナ東京」や、「ラフォーレ」をつくった人です。彼らは、二一世紀の新しい産業は、情報産業とシルバー産業だということを、明確に言っているわけです。今度の介護保険でたとえば訪問介護では四千円という介護報酬で、五％から一〇％は利益が出ると計算しています。訪問入浴サービスは、一万二、五〇〇円ですが、これはプロフィットを上げるサービスとしてやっていけると言ってます。その点でいえば、他の企業、例えば神戸製鋼さんや新日鉄さんなども老人ホームをつくっていますし、松下電工さんも本体の方は五〇〇人リストラしたけれども、ヘルパーは二〇〇から三〇〇人を新規採用したという、産業内というか企業内の構造変革をしているわけです。東レさんも、ヘルパーを大量に雇っていますし、ＪＲ（東日本）さんでさえ、今、鉄道病院を老健施設に変え、療養型病棟に変えようという時代になってきました。日立さんも関電さんもそうですよね。つまり、これまでの重厚長大型の既存産業そのものが、福祉というものを新しい産業として捉えなおそうとしている。利益が出れば参入しますよ、という時代になってきているわけです。

そうしますと、今までの社会福祉というものは、一九五〇年代からずっと、市場経済から切り離されたところに、つまり市場の失敗に対して枠をつくってきたわけですが、介護保険というのは、その枠を取っ払ってしまったということなんです。だから、同じ土俵の上で、社会福祉法人と福祉公社と民間企業とが競争することになったわけです。そうすると、その時に現役の労働者は、一体どのように対応するのだろうかという、興味深い問題がでてきています。

ですから、「市場経済」対「社会福祉」といった対立構造が変わってくる。今、社会福祉事業法の改正の問題もあるわけですが、これからは「市場経済」を前提とした社会福祉になるし、社会保障になると思います。さらにもう一つ、ＮＰＯというものがあります。市民が自主的に色々な事業を行っていくという。そういう意味で言えば、垣根を越えた、ボーダーレスの時代、いわゆる産業の福祉化、また市民運動の福祉化、それに今度は福祉の産業化、そして契約ということになると思うんですね。

そんなわけで、日本の場合、産業が動くことによって、社会構造の変革が加速されると思いますし、今までの起爆力は、女性と障害者であったわけですが、二一世紀は産業界が動き出すことによって、かなり急速に変わるぞという感じがします。ただ、そこで問題となるのは、そういった社会の中で「消費者の権利」、あるいは「利用者の権利」といったものが、きちんと自己主張できるかどうか、そこで再び「自立」だとか「自己決定」という問題に戻ってくるのじゃないかなと思います。

「人間」を育む思想
―新たな総合的科学の必要性

松原　何が文化を変えるのか。アービング・ロソーという人が、高齢者の社会学ということで「文化というものは、老年期への移行に際して、ほとんど助けにならない」と言っています。中枢的な役割から移行していくこと、地位や尊厳を喪失すること、周辺的（マージナル）な存在になること、社会参加の減退という局面に対して、社会が与える役割というものが、あまりにもなかったというのが、これまでの状況だったと言うわけです。そういった、高齢者の役割の「不連続性」というものが、先程から話題になっています、国際高齢者年に際して、いま一つ燃えてこないことの、特徴の一つじゃないかなと思います。

その時に、今、産業の構造から変わってくるのではないかというお話があって、それは確かにそうだと思うんですけれど、我々教育に関わっている者としては、それだけだと、どうも寂しいという気がしますね。やっぱり、教育によって「人間」が変わっていくことに期待するわけです。一九世紀この方、植民地や、南極や、また宇宙や、そして今や脳というふうに、たえず人類はフロンティアを探してきましたが、究極はやっぱり「人間」じゃないかと、思います。それは、人間と自然との共生といったことを含んだ意味での「人間」ですけど。そうすると、まだまだフロンティアとしての「人間」というものがあって、その「人間」を、お互い学び合っていくことによって変えていく、変わっていくというふうに、我々は教育者としての立場から、そう考えたい。

そこで、また先程の「自立」と「共生」というテーマに戻るのですけれど、実は十九世紀までは、宗教というものが、文化の中で大きな役割を果たしてきたわけです。たしかにその時代にも、子育てや、あるいは自分が老いていくということに関して、また、病気を持つことに関する悩みや苦しみがあったわけなんです。その時に、宗教というものは、その悩みや苦しみといった体験に意味を与えるという、そういった役割を果たしていたわけです。ところが、産業革命以降の合理的な思考と、それに代表されるテクノロジーの発展というなかで、宗教というものの社会における、あるいは文化に対する役割が大変低下したわけです。せいぜい、心のやすらぎであるとか、癒しといったものに止まり、ある意味では純化したのかも知れませんけれども、個人の成長であるとか、社会の成長とかに貢献するといった、広大な視野を、宗教は失ってしまいました。そして、合理性、科学、テクノロジーといったものに、その役割を譲ってきたということ、そしてこれが二〇世紀なのだと、マックス・ウエーバー等は言うわけです。

しかしながら、それでは、その新しいシステムによって、人間が本源的に持っている、悩みだとか苦しみといったものが軽減されたのか、と言えば、答えはおそらく「ノー」であるはずです。そうすると、この苦しみを、どう説明するのか、また、どう乗り越えていくのかといったことに答えを与えることのできるもの、それを宗教的なるものと呼ぶか、あるいは精神哲学的なるものと呼ぶのか、何と呼ぶかは別にして、そういったものが二一世紀にもう一度求められているのだと思います。ただし、そこでもう一度かつての宗教といった、一度消滅したものを再び呼び起こしてきたところで、進化しつつある人間には、それは拒絶されるだろうと思います。

そういう意味では、大変高度な精神性といったものが、おそらく二一世紀の文明の中で、もう一度求められるでしょうし、かつそれに応えられるような、私たち大学のあり方、また、社会科学だけではなくて、そこに何かが付与された新しい科学のあり方が待望されるのだと思います。特に社会学というのは、近代社会が勃興してきて、そして、この社会をどう説明すればいいのか、この社会は何なんだろうか、といった事を、おそらく法学や経済学、いわんや神学や天文学では説明できないからこそ生まれてきたものだと思うわけですけれども、それでは、現在の、この新しい生き方、すなわち地球環境の問題や、また人類が抱えている根元的な苦しみや悩み、喜びや悲しみといった問題に、どのようにして対応できるかということがあります。新しい、総合的な科学がますます必要になってくると思うんですね。そして、それがひとつの大きな答えとなりうるもの、そして「自立」と「共生」を考える際にヒントを与えてくれるものだと思います。

例えば、シモーヌ・ヴェイユは、「自立」と「共生」に関して、それは「同苦（compassion）」、すなわち苦を共にし、そしてそれを乗り越えようとすること、その「同苦」が契機となって、「自立」と「共生」が同時に、そしてダイナミックに共存し得るのだということを指摘しています。

それから、仏教においても、「自立」と「共生」の同時存在性、またその相互作用の契機となるものとしての「同苦」というものを、とりわけ法華経はそれを説いています。そして、その根元を、人間の尊極性に求めることができると言っているわけです。こういったメッセージを、もう一度私たちは、社会の仕組みの中に、また教育者として教育の中に、どういう形で組み立てることができるか、それを課題として重く受けとめながら、今日のテーマを考えていきたいと思っています。

浅野　有り難うございました。これで皆さん一通りお話いただいたわけですが、小川先生は今回、わざわざ九州からお越しいただいておりますので、最後に一言お願いいたします。

「現場」の思想と社会科学者の役割

小川　私はこの今の時代こそ、「現在」「現場」で、「現実」的に、「現物」がどのように動いているかというように、「現」という文字を冠した言葉を大事にして見たならば、色々なものが見えてくるのではないかと思うんです。今、バーチャル・リアリティーが、少し度を過ぎているわけですが、我々は「現場」に立ってものを見るということが必要なのだと思います。高齢者の一人ひとりが、今何を考えているのか、この人たちの歩んだ人生を、私たちが同じように生きていけるのだろうかということを考えてみると、そこから回答がおのずから出てくると思うわけです。例えば、働き方の問題で、これは市場経済に関係するのですが、山口県にマツダという自動車工場があります。

このマツダは、今非常に大きな職務再設計を行っています。その基本的な考え方は何かというと、今までは働き盛りの男性たちにとって仕事のしやすいラインという設計であったわけですが、それが今では、女性が働けるようなラインにするということなんです。そうしますと、作業台も低くしなければならないということになります。そして、同じように、高齢者も働けるようなラインにしていくということです。こういったことを職務再設計というんですね。そして、この職務再設計という場面は、色々な企業の中で、今行われていることです。

考えてみますと、これは、例えば高齢者が自宅で生活していくときに、台所を改造したり、車椅子で生活できるように家の造りを変えていくといった、そういうこととアイデアとしては全く同じなわけです。これと同じようなことを、今やすべての場所で行っていくべき時期なのです。これをユニバーサル・デザインといいます。

また、例えば、子どもの目線に立って、子どもが過ごしやすいような社会をつくるということを考えたならば、それはもう、そこにおのずと答えが出てくるはずなんですね。ところが、それをやってないんですよ、日本は。そういう意味では、もう少し現場にきちんと立って、現在、何が行われているのか、何が問題になっているのかということを、見る姿勢が必要だと思います。

我々、社会学を専攻する立場から申しますと、まさにそういった経験的事実の中に、必ずや様々な教訓があると思っております。この、現実の中から得た教訓を洗練することによって、制度に反映させることも行っていきます。しかしながら、制度はあくまでも後から追いかけていくものです。現実は、さらに先へと進んでいるわけです。そういったものの照合を絶えず図っていくということが、我々の任務ではないかと思います。時として、できあがった制度が悪用されるというか、あるいは空洞化されてしまうといった、いわゆるモラル・ハザードによって、本来目的とした方向に向かわずに、それが一部の人たちの利害関係に利用されるということもあり得ます。そのような危険性に対しても、我々は常に目を配っていかなければならないわけです。そういった点では、今後は自立責任、あるいは行政の側からいいますと説明責任（accountability）ということが問われるわけですけれども、少なくともそういったものを科学的に監視し続けていく必要があります。すなわちアセスメントという言葉がありますし、モニタリングという言葉もあります。評価という言葉も、今日は出ました。そういう作業を体系的にどうやっていくかという知識を科学的に彫琢することが、少なくとも社会学を学んでいく者のひとつの任務ではないか、それが二一世紀の社会を構想していくときに、社会学を志す人間が担うことのできる、ひとつの限られた責務ではないかと、私自身は思っています。そういった意味では、今日議論された事というのは、まさに今、そのことをめぐって我々自身が悩んでいることでもありますし、学生たちとともに、何とか開発していきたいと思っている課題でもあるわけです。

浅野　有り難うございました。最後のお二人の発言は大学教員の決意表明の内容でした。それはともかく、本日は少子高齢社会を切り口にして、熟成社会への提言ということで、幅広く、またそれぞれのパネリストから出された問題提起を受けた形で「熟成社会への提言」へと議論を進めていくことができました。視点を変えてものを見ること、かつ視野を広く持っていくことの重要性を、色々な発言の中から痛感することができました。

これまでのパネリストのお話を聴きながら、先日、日本経済新聞に掲載されていました特集記事「少子高齢社会の本質を問う」の内容を重ね合わせていました。この記事は、国立社会保障・人口問題研究所所長の塩野谷先生が寄稿したものですが、冒頭に「少子高齢社会に対する悲観的な見方は、人間や社会について狭くしかみていない経済的思考から導きだされるものにすぎないので、人間の良き生を全体としてとらえる視点に立って、新しい人口現象がいったい何を意味するのかを適切に解釈することが大切」と指摘していました。

そして、そのためには「国民が私利の観点ではなく公正の観点をとるために必要な知的・道徳的能力である〈公共的理性〉が必要である」と記述していました。今日のお話の中心的な概念であった「自立」と「共生」についても、まさしくどれほど多くの人が〈公共的理性〉をもって、「自立」と「共生」の重要性を理解し、行動に移すことができるかがポイントになるのではないでしょうか。

二時間という短い時間でしたので、フロアーの皆さんからの質問、疑問を受けることができませんでした。質疑応答はもっと内容を深めることができると思いますが、予定の時間がまいりましたので、これで終了させていただきます。大変有り難うございました。

（一九九九年一一月一九日、関西学院大学で行われたシンポジウムを収録）

発言者紹介（五十音順）

浅野 仁　（あさの　ひとし）　関西学院大学社会学部教授
大谷 強　（おおたに　つとむ）　関西学院大学経済学部教授
小川 全夫　（おがわ　たけお）　九州大学大学院人間環境学研究院教授
芝野 松次郎（しばの　まつじろう）関西学院大学社会学部教授
松原 一郎　（まつはら　いちろう）関西大学社会学部教授

K．G．りぶれっと　No.2

シンポジウム

少子高齢社会の展望
―熟成社会への提言

2000年6月25日初版第一刷発行

編者　浅野　仁
発行代表者　山本栄一
発行所　関西学院大学出版会
所在地　〒662-0891　兵庫県西宮市上ヶ原1-1-155
電　話　0798-53-5233

このシリーズは、関西学院大学生協書籍部と富士ゼロックス社の協力により、オンデマンド方式で発行されています。

ISBN:4-907654-13-8
乱丁・落丁本はお取り替えいたします。
http://www.kwansei.ac.jp/press